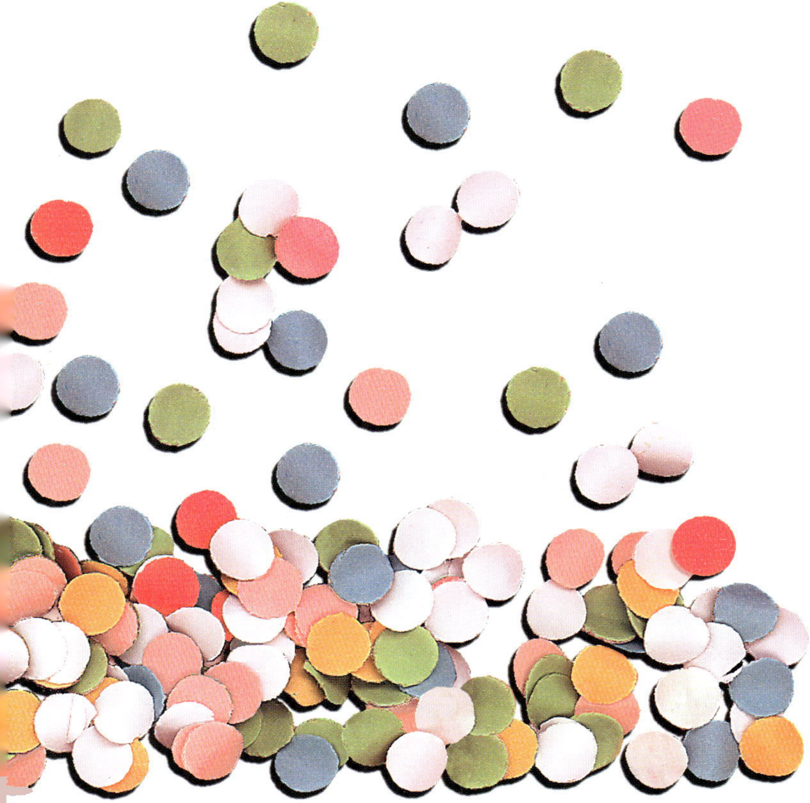

☐ für mich

☐ für dich

☐ für uns

☐ für ..............................................

☐ aus purer Lust

☐ nur mal so

☐ aus Jux und Dollerei

☐ in Liebe zugedacht

☐ von Herzen

☐ von mir

☐ anonym

☐ von ............................................

WÜRDEST DU MICH AUF HÄNDEN TRAGEN?

LIEBER FLITTERWOCHEN ALS ZITTER-WOCHEN!

ACH, HEIRATET IHR JETZT DOCH GANZ IN WEISS?!?

Gast-Busch
Wilhelm van Oyten
zum Thema
»Heiraten«:

# Der flotte Tipp der Woche

1 Corsagen-Brautkleid mit Beleuchtung, 4türig, Kopfst., Schiebedach, ausziehbar, höhenverstellbar, zusammen für VB 1.000,- DM Tel. (04

LIEBER LÄNGER KUSCHELN ALS KÜRZER TRETEN!!

SO ZÄRTLICH WIE DU IST MIR NOCH KEINER AN DIE WÄSCHE GE-GANGEN!!

# Bauernweisheit zum Tage

# Die Briefmarke der Woche

Trauzeugin
Heike van Oyten
zum Thema
»Seitensprung«:

## Abgeschlossener Roman

»Und so frage ich dich: Willst du mich achten und ehren in guten wie in schlechten Tagen? So antworte mit einem Ja! Jaa, aber hallo! Na, gut! So erkläre ich euch beide hiermit zu Mann und Frau!« - »Mein Gott, Riebesehl«, stöhnte der Frisör, »können Sie nicht einmal in‘n Spiegel gucken wie jeder andere auch?«

LIEBER KNUTSCHEN ALS KNATSCHEN!

WIE LANGE DAUERN EIGENT-LICH FLITTER-WOCHEN?

# Für unsere Flitterpärchen

# Bauernweisheit zum Tage

## Abgeschlossener Roman

Da brach es wie ein Schrei aus seiner Brust: »Ooh, sag, dass es wahr ist! Wir sind füreinander bestimmt! Lass uns heiraten! Ich liebe alles an Dir! Vor allen Dingen deinen gewaltigen, runden Hintern! Kein Gramm Fett zu . . . « Ein Bild für die Götter: Der extrem kurzsichtige Dr. Übelacker, eine Litfass-Säule umarmend.

VON WEGEN: DER KLAPPERSTORCH BRINGT DIE KLEINEN FRÖSCHE!! GANZ IM GEGENTEIL, ER HOLT SIE!!!

Partner-Vermittlerin
Naomi van Oyten
zum Thema
»Tipp der Woche«:

MEIN MANN UND ICH LIEBEN ES EIN BISSCHEN LEGER!

# Für unseren Junggesellen

BEVOR WIR HEIRATEN, MÜSSEN WIR ABER NOCH ORDENTLICH MÄUSE MACHEN!!!

## Bauernweisheit zum Tage

Abgeschlossener Roman

»Göttlich, mit Ihnen schmollen zu dürfen!« säuselte Opa Scholz. »Seh ich auch so«, errötete Oma Pacholke und zupfte sich die Bluse glatt, »schmollen ist ja viel schöner, äh, als . . Sie wissen schon!« - »Genau«, seufzte Opa Scholz. So irre heftig hatte er schon seit ewigen Zeiten mit keiner Frau mehr geschmollt!

LIEBER LUSTIG DRUNTER ALS TRÜBE DRAUF!!

ZEIGST DU MIR MAL DEN GROSSEN BÄR?!?

DER UND DICH HEIRATEN!!! LASS DIR JA KEINEN BÄREN AUF-BINDEN!

# Der flotte Tipp der Woche

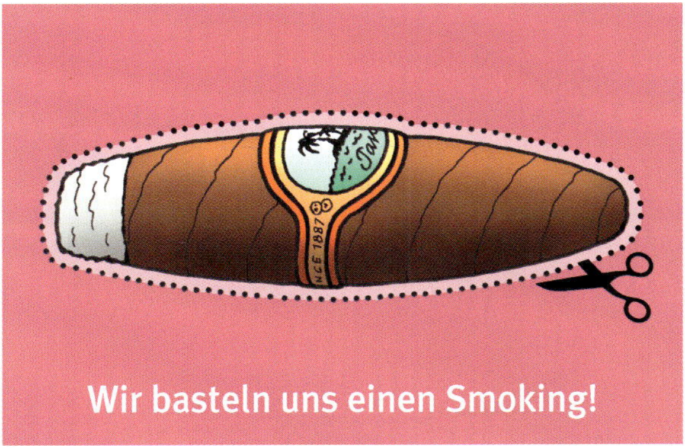

Heilats-Schwindlel
Kuhno van Oyten
zum Thema
»schalfe Flauen«:

## Abgeschlossener Roman

Dr. Göbel erklärte uns das Prickelverhalten eines Champagners, wobei er auf die Hilfe seiner Frau Bärbel zurückgriff. Sie hockte als Kork verkleidet in der Wanne, produzierte lustige Bläschen und diente als immenser Überdruck, den Dr. Göbel gekonnt mit einem harten Knall aus der Wanne schiessen ließ.

LIEBER AUF DER HUT ALS UNTER DER HAUBE!!!

KOMM DU MIR NACH HAUSE!!!

# Für unseren Bimmel-Fred

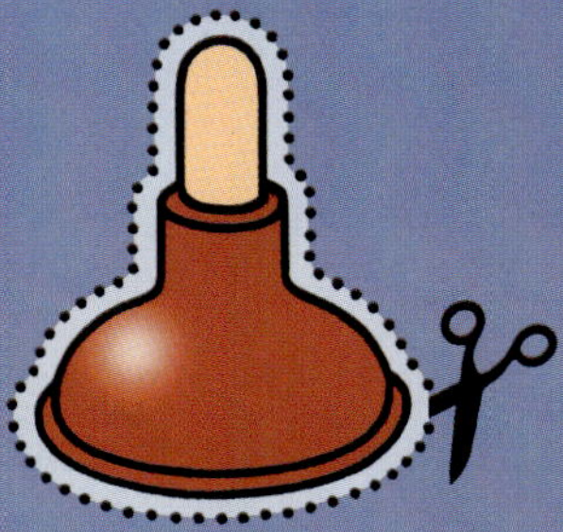

Wir basteln uns eine Hochzeitsglocke!

## Bauernweisheit zum Tage

## Abgeschlossener Roman

»Wahnsinn! Ausgerechnet jetzt, wo ich das bildhübscheste Mädchen der ganzen Stadt neben mir auf dem Beifahrerliegesitz sitzen habe, geht mir das Benzin aus! Und natürlich kein Reservekanis . . .« - »Mein Gott, Riebesehl«, stöhnte die Patentante, »kannst du nicht einmal Auto-Scooter fahren wie jeder andere auch??«

NA, LOS, KÜSS MICH! SEI KEIN FROSCH!

Eheberater
Kuhno van Oyten
zum Thema
»Beziehungen«:

# Für unsre Klatschfreunde

GEHN WIR ZU DIR ODER ZU MIR?

Postfach 3407 / 26024 Oldenburg
Gestaltung: Tetsche
Tanzmusik: Leon Redbone
Brautkleid: Blaukraut
Gesamtherstellung:
Proost International Book Production
Printed in Belgium / ISBN 3-8303-4027-3

# MEHR VON TETSCHE

ISBN 3-89082-986-4

ISBN 3-89082-987-2

ISBN 3-89082-985-6

ISBN 3-89082-984-8

# MEHR VON TETSCHE

Geschenkbücher für Mann und Maus, Frau und Welt, Kind und Kegel, Sich und Selbst und alle, die sonst nix zu lachen haben!

ISBN 3-8303-4026-5

ISBN 3-8303-4028-1

ISBN 3-8303-4025-7

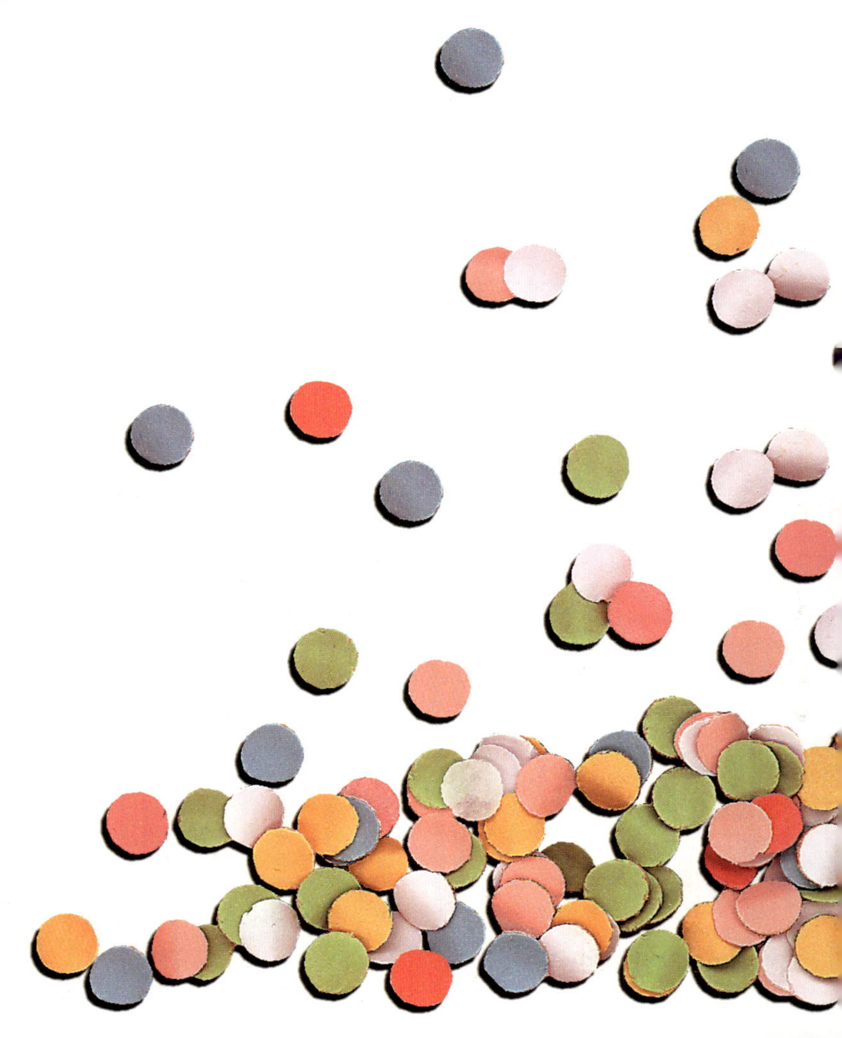